MÉMOIRE

ET PÉTITION

POUR PLUSIEURS DÉTENUS

Dans les Maisons d'Arrêt de la Ville de
Chartres.

Un petit nombre d'individus, faisant partie d'un reste malheureux de deux mille détenus, sortis d'Angers, après avoir souffert
tous les maux imaginables, après être échappés mille fois aux an-
goisses de la mort, gémit encore au fond d'une maison de détention,
les uns sans aucune ressource, les autres sans connoître les mo-
tifs de leur captivité, sans savoir à qui les demander, et sans es-
poir de délivrance prochaine. Leurs municipalités sont dispersées
pour la plupart; leur pays est envahi, ravagé; les habitans de
leurs contrées se sont réfugiés dans les départemens voisins.

Ces malheureux, presque tous cultivateurs, journaliers ou manouvriers, seront-ils les seuls sur lesquels, la loi concernant les
détenus agriculteurs ou artisans de profession, n'étendra pas ses
bienfaits? Leur seule ressource est dans la justice, dans l'humanité de la Convention et de ses différens comités; ils s'adressent
donc à eux avec la plus grande confiance, et ils vont leur faire
le récit de leurs maux.

Les individus réclamans ne sont coupables d'aucun délit, et on
ne peut pas même leur reprocher aucun acte d'incivisme. Le plus
grand crime qu'on puisse leur imputer, est d'avoir pris naissance
dans un pays malheureux, théâtre de la guerre la plus affreuse

A

et la plus désastreuse. Les uns ont été arrêtés dans leurs communes, soit en passant dans les rues, soit en labourant, soit en travaillant à leurs différens ouvrages ; d'autres , en très-grand nombre, sont accourus à la voix des représentans du peuple Choudieu , Richard et Thibaudot, qui ont fait publier une proclamation au mois de septembre 1793, et ils n'ont pas été plus heureux. Des gens mal intentionnés et sans mœurs, ont prétendu que la faim seule les avoit dirigés , les avoit amenés ; et sous ce prétexte injurieux , sans égard pour la proclamation faite, presque tous ont été arrêtés et jettés dans les prisons d'Angers , Doué et Saumur , où ils ont essuyé les traitemens les plus affreux. Ces prisons se sont trouvées alors si encombrées , qu'on peut difficilement compter le nombre de ceux que la misère et le défaut de nourriture ont fait succomber.

Ils furent bien heureux alors, ceux dont la mort vint terminer tous les maux ! ils n'ont pas été exposés à toutes les horreurs , toutes les cruautés , toutes les atrocités dont nous avons à rendre compte.

Au mois de frimaire dernier, les brigands approchent d'Angers et menacent la ville. On s'empresse d'en faire sortir les prisonniers. Ils étoient au nombre de deux mille environ, y compris les femmes. On les tire de prison à onze heures du soir, on leur fait passer la nuit dans une église , et le lendemain , dès quatre heures du matin, on les attache deux à deux. Dans cette posture gênante , transis de froid et mourant de faim, les femmes arrosant la terre de leurs larmes, et faisant retentir l'air de leurs cris, ils sont conduits aux ponts de Cé, accablés des huées d'un peuple nombreux. La commission militaire les précédoit, et on voyoit avec elle le terrible instrument de la vengeance nationale, qui ne devroit être réservé que pour les traîtres et les conspirateurs.

Arrivés sur les ponts de Cé, construits sur la Loire, on range les détenus garottés sur une même ligne ; on veut et on se prépare à distribuer les soldats sur une autre ligne. Quel étoit le but de cette effrayante disposition ? . . . . le sang se glace . . . . .

on prétend qu'il fût question de les ensevelir tous dans la Loire .
. . . . . Cet horrible projet n'eut cependant pas son exécution.
Après avoir passé une heure et demie dans cette attitude et cette
inquiétude cruelles , ils sont conduits au milieu des plus vives al-
larmes, les uns au château, les autres dans des endroits différens,
presque tous dans des greniers ouverts de toutes parts, et exposés
aux injures du tems : la faim vient les assaillir dans ce nouveau
séjour, et deux jours se passent sans qu'on leur procure le moin-
dre aliment. Sans le secours de quelques ames charitables qui leur
ont fourni quelques morceaux de pain, tous auroient péri de la
mort la plus affreuse.

Dans un moment aussi critique et aussi désastreux, quelle étoit
l'occupation des chefs chargés de conduire cette troupe infortunée? ils formoient des listes, et dévouoient à la mort ceux qui
leur déplaisoient ou que leur caprice leur désignoit. Dans l'espace
de trois jours, cent trente-deux personnes ont été fusillées, et
neuf autres ont péri par le fer tranchant de la guillotine dans ce
pays malheureux.

Alors un infortuné père de famille, chargé de cinq enfans, ef-
frayé de toutes les horreurs qui se commettent sous ses yeux,
tombe du balcon du château ; il se casse la cuisse. Quel remède
apporte-t-on à ses maux ? on le jette tout vivant dans la Loire, et
elle devient son tombeau.

Des ponts de Cé, les malheureux prisonniers que la mort avoit
épargné, sont conduits à Brissac (*). Dans la route, les militaires ,

(*) En quittant les ponts de Cé, une nouvelle scène horrible et déchirante
se passe. Plusieurs enfans, dont le plus âgé comptoit à peine seize ans, avoient
suivi leurs mères , et avoient été incarcérés avec elles à Angers. On arrache
l'enfant des bras de la mère , et on les sépare impitoyablement. Tous donnent
alors les marques du plus affreux désespoir. Ils crient, ils pleurent, ils se
jettent aux genoux de leurs bourreaux , et demandent à mains jointes qu'on
ne les prive pas de ce qu'ils ont de plus cher au monde. Rien n'émeut

A 2

sous la conduite desquels ils étoient, s'attachent aux mieux vêtus; ils leur enlèvent leurs manteaux et leurs porte-feuilles, et pour y parvenir plus sûrement, ils cherchent à les tirer à quartier, avec l'intention de les fusiller.

Un jeune homme avoit une bonne paire de souliers; un militaire la lui arrache en proférant ces horribles mots: *viens B . . . tu as de bons souliers, il faut autant que je les use qu'un autre, ils valent bien un coup de fusil.*

Dirons-nous les horreurs qui se sont commises dans le trajet des ponts de Cé à Brissac, et de Brissac à Doué.

Les malheureux, excédés de faim et de fatigue, qui ne pouvoient marcher, sont sacrifiés impitoyablement et fusillés sans aucune forme de procès. Un sexagénaire, pressé par un besoin, quitte son rang, après en avoir obtenu la permission; la foiblesse l'empêche de se relever; on lui tire un coup de fusil, et il tombe mort dans un fossé. Dix ou douze autres personnes aussi malheureuses éprouvent le même sort.

On arrive à Brissac. A peine y a-t-on pris quelque nourriture, qu'une partie des détenus est obligée de le quitter sur-le-champ et de s'acheminer à pied vers Doué, qui est encore éloigné de trois lieues.

L'autre partie, et les femmes surtout, sont déposées dans des cuisines souterraines du château. Confiées à la garde des volon-

---

les barbares, rien ne les touche. Ils exécutent leur affreux projet, et bientôt l'enfant débile perd de vue l'objet de sa tendresse et son unique soutien. Que deviennent ces infortunés? on les relègue dans un vaste appartement; ils y restent trois jours sans paille pour se coucher. Ensuite on les conduit à Doué et à Brissac, la plupart à pied, dans la saison la plus rigoureuse de l'année. Là, on les met dans une église. Pendant environ quinze jours, ils ont à souffrir des fatigues que des personnes robustes et formées auroient eu de la peine à supporter. Aussi plusieurs de ces malheureux enfans rendus dans le sein des personnes charitables qui ont bien voulu le leur ouvrir, n'ont-ils pu résister à tant de souffrances; et ont trouvé bientôt le terme de tous leurs maux.

taires, dans ces endroits ténébreux, elles y subissent mille insultes et mille outrages sanglans que la pudeur empêche de nommer. Après bien des peines, les hommes parviennent à Doué, vers les onze heures du soir, accablés de fatigues.

Dans quel lieu entassera-t-on ces victimes infortunées? dans des souterrains infectes, dans des caves humides et mal-saines, ou la paille même a manqué pendant huit jours consécutifs.

Ces malheureux n'entroient pas assez vite, au gré du commandant de la place, dans ces repaires affreux, dont l'ouverture étoit obstruée par le grand nombre de ceux qui devoient y descendre. Il donne ordre de faire feu sur eux et de les tuer tous. On n'obéit pas à cet ordre inhumain. Alors le commandant entre en fureur. Plein de rage, il frappe et blesse avec son sabre tous ceux qui se rencontrent sous ses pas. Il fait plus, il prend lui-même le fusil de plusieurs de ses soldats, et tue trois personnes de sa main. Cinq autres personnes périssent le lendemain des blessures qu'elles ont reçues.

Raconterons-nous toutes les horreurs, toutes les infamies qui se sont commises à Doué?

Dans ces caves fameuses, où les hommes étoient entassés les uns sur les autres, quarante ont été taillés en pièces et hachés à coups de sabre, pour éviter la peine de les fusiller.

Dans l'église de St. Pierre, un canonnier qui faisoit les fonctions de geolier, et qui avoit l'inspection sur tous les lieux servant de prison, est venu plein de vin et couvert du sang des victimes qu'il avoit immolées, faire baiser son sabre tout ensanglanté aux malheureux qui existoient dans ce lieu, en se vantant de ses forfaits, et en les menaçant de leur faire subir le même sort.

Un homme riche, le citoyen Dubois, de Laval, ne peut résister aux maux dont il est accablé, il meurt. Sa montre et son porte-feuille restent à la disposition de ses compagnons. Un d'eux est obligé de les présenter à un de leurs bourreaux pour le calmer. A cette vue le tigre s'adoucit, et leur répond que c'est bien, qu'il est content, et qu'il ne faut rien séquestrer.

Un autre homme riche subit pareillement le trépas. Il portoit le nom de la Morosière. Son domestique fidèle l'avoit suivi volontairement pour partager ses peines et lui donner tous ses soins. Avant de fermer la paupière, la Morosière récompense le brave homme qui s'étoit attaché à tous ses pas. Il lui donne ses effets et les sommes contenues dans son porte-feuille. Peu de tems après le domestique est fouillé ; on ne lui trouve que son léger porte-feuille ; on lui demande s'il n'a rien autre chose ; on l'intimide, on le menace ; enfin il est obligé de renoncer à sa propriété et de remettre les gages précieux de l'affection de son maître.

Nous ne finirions pas s'il falloit rendre compte de tous les brigandages de cette espèce.

Vallin, domestique du citoyen Villiers, décédé, a éprouvé dans les mêmes circonstances, le même traitement que Jean Duport, domestique de la Morosière.

C'est à Doué, c'est dans cette ville infortunée que la misère et la commission militaire, (sans doute excitée et soudoyée par Robespierre) ont exercé leurs plus grands ravages. Les uns n'ont pu résister aux maux dont ils ont été accablés ; les autres ont péri par le fer, le feu ou la guillotine. En vain plusieurs municipalités sont-elles venues réclamer leurs concitoyens innocens, on leur répondoit qu'il n'en étoit plus tems, et qu'ils n'existoient plus.

Une jeune fille de dix-huit ans est fusillée. Au moment même de son exécution arrive un courrier porteur de sa réclamation : le fil de ses jours venoit d'être tranché. Le courrier retourne le cœur déchiré, et plein de regrets de n'être pas arrivé un moment plutôt.

Pour donner une idée du ravage affreux arrivé à Doué, qu'il nous suffise de dire que de douze cent hommes partis d'Angers, sans y comprendre les femmes, quarante au plus ont échappé au triste sort dont ils ont été souvent menacés.

Ce reste infortuné, après avoir passé six semaines dans une position et une situation qu'il est bien difficile de peindre ; après avoir enduré les maux les plus cruels ; après avoir vu la mort prête à les frapper, presqu'à chaque instant de leur vie, est enfin sorti de Doué au mois de nivôse dernier, avec deux cent femmes que le sort et la maladie avoient aussi épargnées.

Les uns et les autres sont transférés à Montreuil-Bellay. Dans cette ville les détenus manquent des choses les plus nécessaires à la vie; ils sont couchés sur la paille. Plusieurs citoyens humains et sensibles veulent procurer des matelas aux malades : ils sont dénoncés à la société populaire, et leur bonne volonté est enchaînée. Deux malades seuls en obtiennent. Beaucoup d'autres périssent faute de secours et de soins. Leurs corps morts sont entassés dans un jardin où les vivans sont obligés d'aller respirer l'air.

Enfin la peste survient dans ce pays. Elle moissonne une grande partie des femmes qui y sont détenues. D'un autre côté les brigands menacent cette contrée. Dans quel lieu fuir ? où trouver un air plus salubre, où trouver surtout de la commisération et de l'humanité ?

Saumur est le lieu indiqué : on part à la hâte. Mais de nouvelles horreurs les attendent dans ce pays. Arrivés vers les cinq heures du soir, le peuple, excité par des malveillans, se déchaîne contre eux. Un pistolet rate deux fois sur un jeune homme tranquille qui étoit dans une voiture. Ce coup de feu devoit être le signal d'un massacre général. Heureusement le ciel veille sur leurs jours; on se contente de leur faire faire deux fois le tour de la guillotine, sur la place publique, avec la menace horrible de les y faire passer tous le lendemain, pour se dispenser de les conduire plus loin.

Après cette scène d'horreur qui a duré près de trois heures, on conduit les hommes dans un jeu de paume où ils sont exposés à toutes les injures du tems, dans la saison la plus rigoureuse de l'année. Là, on distribue à chacun d'eux une demi-botte de paille pour reposer leurs corps fatigués; et c'est tout ce qu'ils peuvent obtenir.

Les femmes sont encore plus malheureuses dans ce pays affreux. Placées à la tour Grenetière, dans des greniers non carrelés,

elles sont obligées de coucher sur la terre pendant deux jours.
A quatre heures du soir la porte de ces greniers est fermée. La
dyssenterie faisoit alors de grands ravages parmi elles. Obligées
de satisfaire à tous leurs besoins dans l'endroit même qu'elles ha-
bitent, leurs excrémens pestilentiels traversent les planchers et
arrosent le visage de celles qui occupent les chambres inférieures.
Tous les détenus sont restés quatre jours à Saumur dans cet état
de gêne, de détresse et de fétidité ; quand ces quatre jours ont
été écoulés, on les a fait défiler sur les ponts, au milieu des baïon-
nettes, chargés d'imprécations, et on les a conduits à la Chapelle
Blanche, éloignée de six lieues, avec les détenus de Saumur
qui ont commencé alors à devenir leurs compagnons de route et
d'infortune.

Quel fut alors le chef chargé de leur conduite ? L'homme
le plus cruel, menaçant sans cesse les détenus ou de les faire
fusiller, ou de les couper en deux avec son sabre (*).

A la Chapelle, une église sert de retraite aux hommes et aux
femmes. La paille y manque ; tous sont obligés de coucher sur la
dure.

Le lendemain on part pour Langets, et de Langets on va à Tours.

Seront-ils plus heureux dans ce pays favorisé de la nature? les
cœurs y seront-ils moins endurcis et moins barbares ?

Les malheureux détenus arrivent à Tours, et passent au milieu
d'un peuple nombreux qui vomit contre eux mille injures et jure
leur mort. Les lieux les plus fétides leur servent de retraite. On
les entasse dans des écuries mal-saines, et ils n'y trouvent pas
même la litière destinée aux chevaux. Trois malheureuses femmes
périssent au milieu des douleurs d'une fausse couche. Le pain
même, cette nourriture indispensable, ne leur est distribué que
le lendemain de leur arrivée.

Leur séjour dans cette ville leur a paru bien long, et ils n'au-
ront jamais à regretter d'en être sorti.

(*) A Beaugency, ce chef a reçu, de la part des officiers municipaux, les
plus vifs reproches de la conduite qu'il y avoit tenue précédemment, et ils l'ont
menacé de l'en faire repentir.

9

Mais quel changement se prépare! Un peuple doux, humain, bienfaisant, va succéder à des tigres, à des barbares. Immortels Blaisois! recevez l'hommage de cœurs vraiment reconnoissans, qui n'oublieront jamais vos bienfaits. Tant qu'il leur restera un souffle de vie, leurs bouches publieront votre humanité et votre sensibilité.

Les détenus arrivent à Blois. Les officiers municipaux, toujours avides de remplir leurs devoirs et de maintenir le bon ordre, vont à leur rencontre, et les conduisent dans les lieux décents qui leur sont destinés. Le peuple les voit passer en silence, et semble plaindre leur malheur. On les visite dans leur prison; mais s'y présente-t-on les mains vuides! Le tableau du malheur frappe les sens, et bientôt on s'empresse de revenir chargé des choses les plus nécessaires à la vie, que l'on avoit oubliées.

Que ce souvenir délecte l'ame! il efface des années de peine et de tourment.

Les détenus auroient bien désiré jouir long-tems des doux fruits de l'humanité des Blaisois; mais des circonstances impérieuses ne l'ont pas permis. Six mille volontaires occupoient la ville et y étoient nourris. Il a fallu aller chercher ailleurs une subsistance assurée.

De Blois, les détenus ont successivement passé par Beaugency, Orléans (*), Ymonville, et sont arrivés à Chartres au mois de ventôse dernier.

Grâces soient rendues aux habitans de ces différens pays! Ils ont eu pour les détenus tous les égards que leur situation comportoit, et que dictoit la sainte humanité. C'est un hommage que les

_____

(*) A Orléans, les officiers municipaux ont exigé des détenus le paiement de la paille sur laquelle ils ont couché dans une église. Le prix de cette paille a été fixé à la somme de 137 liv. 10 sous. On ne peut passer ce trait sous silence; mais on doit publier en même tems que les habitans de cette ville, plus généreux, ont versé leurs bienfaits à pleines mains sur un grand nombre des détenus,

détenus leur rendent avec plaisir, et qu'ils s'empressent de publier.

Mais quels que soient les égards qui viennent adoucir leurs maux, il n'est pas moins vrai que le reste malheureux des prisons d'Angers, de Doué et de Saumur, gémit à Chartres depuis le mois de ventôse dernier, dans les liens de la captivité, et qu'il ne voit point encore le terme de ses malheurs. Qui rendra ces infortunés à leurs femmes, à leurs enfans, à leur famille éplorée, dont la plupart est errante, et vit peut-être dans la plus affreuse misère?

Une loi bienfaisante qui vient de paroître, et qui rend la liberté à tous les laboureurs, cultivateurs, manouvriers, journaliers et artisans de profession, a ranimé leur courage.

Leur cœur se seroit-il entr'ouvert à une vaine espérance? Non. La justice luit pour tous les membres de la même société. A un tems obscurci par les nuages les plus noirs, succède un ciel plus calme et plus serein. Heureux présage! Sans doute la représentation nationale et les autorités constituées compétentes s'empresseront de briser leurs fers et de mettre fin à tous leurs maux.

Signé LENOIR, MESNET, ROSE DUPIN, GERNIGON, VALLIN, DUTERTRE; CHAPRON, CHAVALLAR, GODIER le jeune, Pierre CHARPENTIER, Augustin BLANVILLAIN, LOUIS CROISON, BLANVILLAIN le jeune, DEROUET, LANCELIN, VALLOIS, THUAULT et LACHEVALLERIE.

François PLUMEJEAU, Jean GAUPARTON, PIERRE BOITEAU, Joseph MARTINEAU, Jean PASQUIER, François LEMAYS, Jean LACROIX, Henri BELARD, Jean DUPORT, Joseph BRICOT, Etienne MERCIER et Pierre PINACEAU ont déclaré ne savoir signer.

Nota. Depuis l'impression de ce mémoire, Modeste-Marie LENOIR, Charles-Julien MESNET, Rose DUPIN, Jean VALLIN, Morille CHAPRON, Louis DEROUET, René-Jacques VALLOIS, Pierre BOITEAU, Joseph MARTINEAU, Jean Pasquier, Jean DUPORT, Joseph BRICOT, Etienne MERCIER, Pierre PINACEAU, ont obtenu leur liberté.

Il y a quelques exemplaires de ce mémoire à vendre chez les libraires de Chartres.

NOMS

Des Détenus en la maison d'arrêt de la commune de Chartres, dite des Carmelites, venus d'Angers, de Doué et de Saumur, réclamans (*).

NOMS.	AGE.	COMMUNE.	DISTRICT.	DÉPARTEMENT.
François PLUMELEAU, *laboureur.*	....	Mont-Jean.	Montglone, ci devant st. Florent.	Maine et Loir.
André CHEVALLARD, *tailleur*	26.	Laurent-des-Autels.	*Idem.*	*Idem.*
Jean GAUFRETON, *tisserand.*	21.	La Tour Landry.	Chollet.	*Idem.*
Joseph MARTINEAU, *tisserand.*	15.	*Idem.*	*Idem.*	*Idem.*
Jean PASQUIER, *laboureur et toucheur de bestiaux*	14.	Sontoire.	Vihiers.	*Idem.*
Pierre BOTTEAU, *filassier*	40.	Chalonne.	Angers.	*Idem.*
Joseph BRICOT, *tonnelier*	52.	Georges-sur-Loir.	*Idem.*	*Idem.*
Etienne MARCIER, *laboureur*	23.	Germain-des-prés.	*Idem.*	*Idem.*
Jean VALLIN, *perruquier et domestique*	35.	Angers.	*Idem.*	*Idem.*
		Ces deux citoyens ont fait volontairement le sacrifice de leur liberté, en suivant leur maître qui ont péri dans les caves de Doué.		
Jean DUPORT, *domestique*	28.	*Idem.*	*Idem.*	*Idem.*
Louis DEROUET, *domestique.*	35.	*Idem.*	*Idem.*	*Idem.*
Morille CHAPRON, *cultivateur*	25.	Chalonne.	*Idem.*	*Idem.*
Augustin BLANVILLAIN, md voitur.	25.	La Jumelière.	Montglone.	*Idem.*
Louis BLANVILLAIN, md voiturier	20.	*Idem.*	*Idem.*	*Idem.*
Jean LANCELIN, *tisserand.*	45.	Angers.	Angers.	*Idem.*
Louis GODIER le jeune, garçon de boutique.	21.	*Idem.*	*Idem.*	*Idem.*
Modeste-Marie LENOIR	35.	*Idem.*	*Idem.*	*Idem.*
Rose DUPIN	40.	*Idem.*	*Idem.*	*Idem.*
Marie JOUAULT, femme Lachevalerie.	35.	*Idem.*	*Idem.*	*Idem.*
René GRANGON	50.	Chazé Henry.	Segré.	*Idem.*
Pierre CHARPENTIER, *laboureur*	18.	Maurice de Thouars	Thouars.	Deux Sèvres.
Louis CROISON, *cordonnier et cultivateur*	31.	*Idem.*	*Idem.*	*Idem.*
François LEMAYE, *laboureur*	21.	*Idem.*	*Idem.*	*Idem.*
Jean LACROIX, *laboureur*	20.	Clementin.	*Idem.*	*Idem.*
Henri BELARD, *laboureur*	18.	*Idem.*	*Idem.*	*Idem.*
René-Jacques VALLOIS, *cultivateur.*	37.	Hilaire-Florent.	Saumur.	Maine et Loir.
Charles-Julien MESNET, *cultivateur.*	67.	Saumur.	*Idem.*	*Idem.*
François-Louis DUTERTRE, *cultiv.*	47.	*Idem.*	*Idem.*	*Idem.*
Julien THUAULT	40	Lassay.	Lassay.	La Mayenne.
Pierre PINACEAU, *laboureur*	18.	Just.	Marènes.	Charente inférieure

(*) Les détenus ici dénommés ne sont pas les seuls qui gémissent à Chartres, au fond d'une prison. Il existe encore cent quatorze autres citoyennes dans la maison d'arrêt, dite *des Jacobins*, qui ont partagé leur malheur, et qui ont les mêmes réclamations à faire entendre.

A CHARTRES, de l'Imprimerie nationale, chez FR. LABALTE, Imprimeur du département d'Eure et Loir, Vendémiaire, an 3.e de la République.

www.ingramcontent.com/pod-product-compliance
Lightning Source LLC
Chambersburg PA
CBHW060736280326
41933CB00013B/2662